百年沧桑——
法国军官从热气球上看中国

LA CHINE A TERRE ET EN BALLON

邱举良 编著

上海遠東出版社

图书在版编目(CIP)数据

百年沧桑:法国军官从热气球上看中国/邱举良编著. —上海: 上海远东出版社,2016
ISBN 978-7-5476-1106-7

Ⅰ. ①百… Ⅱ. ①邱… Ⅲ. ①北京市-地方史-图集②天津市-地方史-图集 Ⅳ. ①K291-64②K292.1-64

中国版本图书馆 CIP 数据核字(2016)第 109273 号

百年沧桑
法国军官从热气球上看中国
邱举良 编著
出版策划/彭筱军　　装帧设计/熙元创享
责任编辑/贺　寅　　特约编辑/林郁纯

出版:上海世纪出版股份有限公司远东出版社
地址:中国上海市钦州南路 81 号
邮编:200235
网址:www.ydbook.com
发行:新华书店　上海远东出版社
上海世纪出版股份有限公司发行中心
制版:熙元创享文化
印刷:北京华联印刷有限公司
装订:北京华联印刷有限公司

开本:787×1092　1/16　印张:22　插页:1　字数:300 千字
2016 年 6 月第 1 版　2016 年 6 月第 1 次印刷

ISBN 978-7-5476-1106-7/K·145
定价:88.00 元

目 录

序

《百年沧桑—— 法国军官从热气球上看中国》（116年前法国军官驾驶热气球拍摄北京）图片集中文版终于要面世了，这首先要感谢上海远东出版社社长徐忠良先生的远见卓识和大力支持。因为早在2005年，我曾主动找过北京的某出版社，建议以今昔对比的方式重新编排出版这部图片集，但未能如愿。

说起这本图片集的来历，让我深信机缘之可遇不可求。2005年3月初，因公务到法国出差，恰逢周末没有公务活动，于是忙里偷闲独自到巴黎的香榭丽舍大街漫步，不经意间看到一幅广告，得知在离凯旋门不远的地方正在举办为期3天的“古旧书籍交易会”（Salon de vieux livres et papiers），就坐了两站地铁，来到交易会地点。进入大厅一看，规模相当可观，200多个书摊把偌大的展览大厅塞得满满的。

当我从书摊中间的甬道慢慢走过时，似乎有条金龙的影子在眼前晃过，便停住脚步，果然在一个书摊上发现有本册子，封面上有一条烫金大龙图案，翻开内页查看，发现是老北京图片集，既熟悉又陌生，尤其是空中俯瞰故宫的全景黑白照片，视觉冲击很强。再往下翻，发现还有天津的照片。我马上意识到这是一件可遇不可求的稀罕物，经过一番讨价还价，终于以双方认可的价格买了下来。

回到旅馆房间，拿出这本刚刚觅得的图片集仔细端详，确认是一套活页画册，封面上写着《LA CHINE A TERRE ET EN BALLON》，译成中文是：“从地面和热气球上看中国”，一条烫金五爪大龙盘踞着整个页面，气势恢宏。翻开封面，里面共有41页，每页有3~10张图，图片的文字说明则集中印在目录上，总计272张照片，其中涉及北京的约有200张，其余为在天津以及从天津到北京途中拍摄的照片。

阅读图片集的前言，得知这是为纪念法国远征军特别制作的，正如前言所说：“在最后一次出征中国期间，法国远征军的军官们曾有众多机会显露他们的拍摄才华。他们中的一些人是飞艇上的观察员，乘坐热气球纵览了天津和北京的城池——

欧洲人容易迷失在胡同的地方。另一些人由于他们所谓的公务或单纯出于好奇在皇家的宫殿里，或利用他们的休闲时间漫步在中国（北京、天津这两个城市）的大街小巷里，看到令人称奇的场景或有趣的古迹而信手拍摄下来的场景，汇集起来便形成了一个非常独特的影集，远征军的许多战友希望得到该影集的复制品。由此便产生了制作《从地面和热气球上看中国》图片集的想法，更是因为这些战友的愿望而决定今天出版此图片集。他们可以从中重新找到他们见过的场景和古迹。没有机会参加远征的军官们可以通过这本画册形成他们有朝一日可能前往的国家的大概印象。”

“图片集由法国巴黎 BERGER-LE VRAULT & CIE 出版社于 1902 年出版，使用高级纸张一共印制了 25 套，并标明出版编号，其中用日本纸印制 5 套（1~5 号），用沃特曼纤维纸印制 20 套（6~25 号）。至于对普通的公众来说，我们希望他们乐于接受一个在某种意义上在他们的眼前再现如此独特、如此新奇的国度的影像，并以热切的好感跟随和支持我们勇敢的战士。”

再细查画册中的图片，发现 272 张图片是根据法国远征军三位军官普莱桑上尉（Plaisant）、卡尔梅尔上尉（Calmel）和蒂西埃上尉（Tissier）1900 年在北京和天津地区拍摄的黑白照片翻印而成，全部采用凹版印刷，细致精美。最引人注目的是，法国军队利用热气球在北京和天津上空侦察拍摄的 14 张照片（北京 9 张，天津 5 张），这是目前已知中国最早的航拍影像。另外还有 3 张照片是军官在天津观看热气球升空的情景，以及 1 张在北京的琼岛（今北海公园）白塔上拴着热气球的照片。

出差从巴黎回到国内，我立即查阅资料，对这本图片集的身世有了进一步的了解：1900 年，义和团运动在天津和北京地区大规模爆发，清政府对英、法、德、美、日、俄、意、奥、比、西、荷十一国同时宣战，八国联军入侵，北京和天津再一次在列强的铁蹄之下，遭到破坏和蹂躏。法国军官拍摄的照片，真实地记录了法国军队在华情况。既有在驻天津司令部庆祝法国国庆和在北京以法国司令官名字命名街道的剪彩活动，也有法国工程兵在北京公使馆区修筑防御工事、修复卢沟桥铁路等场景；既有反映英国、德国、意大利和日本军队在北京的活动照片，也有法国天主教堂等建筑物受损的镜头。当然，更多的照片是反映北京和天津地区的建筑和人文景观，包括北京的故宫、北海、景山、颐和园和天津的北河地区等，以及皇宫内的陈设和街道上的市井生活。透过这些图片，我们可以感受到侵略者在中国的土地上横行霸道，许多建筑被占领，设兵营，在高大的城墙上开洞，建防御工事，到处一片破败，民不聊生。我当时产生的念头就是编辑出版这个图片集，将主要的图片、特别是从热气球上拍摄的场景，配上同一角度拍摄的现在的彩色照片，可以产生强烈的对比，看到北京和天津百年来翻天覆地的变化，告诉世人落后就要挨打的道理，振奋国人进一步树立民族自信心，为祖国的繁荣昌盛发奋图强，实现中华民族的伟大复兴。

于是，我首先写信给巴黎 BERGER-LE VRAULT & CIE 出版社，希望得到有关这本图片集的更详细资料。得到的答复是："感谢您对我们出版集团的尊重，但可惜的是我们无法向您提供进一步的信息，因为我们现有档案中找不到相关的资料。"我于 2005 年 9 月 2 日给北京的某出版集团提交建议，又于 2006 年初找到一家文献研究机构，商谈出版事宜，他们均表示很有兴趣。但由于北京地区不能航拍等原因而不了了之。

如今在上海远东出版社的支持下，终于可以实现这个愿望了。在翻译和整理这本图片集的过程中，得到上海远东出版社的彭筱军和林郁纯的大力支持，他们不仅参与策划编排，还从史学的角度增添了许多文字说明，在此表示衷心感谢！

邱举良

2015 年 8 月

4

Pékin

北京

001

通州 / 八里桥

八里桥（PALIKAO），1860 年清军和英法联军曾在此发生激烈的“八里桥之战”(卡尔梅尔 摄)

1860 年 8 月 21 日，英法联军攻陷天津大沽。僧格林沁率铁骑退军通州八里桥，计划在此拦截侵略者，保卫京师。9 月 21 日早上 7 点，八里桥之战打响，大清官兵以长矛、弓箭和一腔热血迎战联军的火枪、洋炮，经 5 个小时英勇激战，大清军队终不敌败退。这就是著名的“八里桥之战”。因为这里距离北京八里，所以叫八里桥。这座桥的桥身为大理石、桥面为花岗岩石板，是横跨连接白河至北京护城河的运河的桥梁，也因此成为一座具有战略意义的桥梁。

现今的八里桥风光明媚，一片宁逸安详。（2015.11 邱举良 提供）

八里桥（卡尔梅尔 摄）

现今的八里桥上已不见石块路，改用柏油覆盖，桥面两侧也用红色栏杆围绕。（2015.11 邱举良 提供）

北京附近的通州门（TONG TCHEOU）（卡尔梅尔 摄）

现今通州门 （邱举良 提供）

卢沟桥

距北京城 13 公里的卢沟桥，马可·波罗在游记中提到那里原先就有一座大理石桥，17 世纪时被大水冲跨，而被现在的桥取代（卡尔梅尔 摄）

现今卢沟桥 （邱举良 提供）

卢沟桥镇（卡尔梅尔 摄）

现今卢沟桥镇（2015.11 邱举良 提供）

卢沟桥桥头的碑亭（卡尔梅尔 摄）

现今卢沟桥桥头的碑亭（2015.11 邱举良 提供）

镇守卢沟桥的官员（卡尔梅尔 摄）

卢沟桥的铁路桥。被义和团损坏、由法国工程部队修复并运行（卡尔梅尔 摄）

卢沟桥一侧的大堤（卡尔梅尔 摄）

使馆区

北京的公使馆区。图片左边是公使馆街，可看到鞑靼城的城墙，围困期间曾是激烈战斗的地方。残余的路障和欧式建筑的废墟依稀可见（普莱桑 摄）

驻北京的欧洲公使馆都集中在鞑靼城东南和这座古老城市的北部区域。鞑靼城以南地界是商业区和各种专卖店。鞑靼城在皇城外围，豪华住宅和数以千计的达官贵人都居住在这一带。[①]

① 贝尔纳·布里赛《法兰西在中国300年》，上海远东出版社，2014年，P.284。

现今北京的公使馆区（2015.11 邱举良 提供）

北京公使馆区带弹孔的墙（卡尔梅尔 摄）

1900 年 6 月，清政府与八国联军开战，6~8 月，使馆区成了大炮的靶子。

现今北京的公使馆区（2015.11 邱举良 提供）

被义和团围困后的法国公使馆大门（卡尔梅尔 摄）

1900 年 8 月 15 日八国联军部队到达时，公使馆区几乎沦为一片废墟。因位置关系，法国公使馆在所有欧洲公使馆建筑中是受害最大的，差不多被夷为平地。[①]

① 贝尔纳 · 布里赛《法兰西在中国 300 年》，上海远东出版社，2014 年，P.292。

东交民巷的法国使馆旧址

重建于 1903 年，现保存有 4 栋配楼与大门，大门用砖做出壁柱和拱券，外形类似巴黎凯旋门（2015.11 邱举良 提供）

北京公使馆区域建筑新的防御围墙的法国路段（卡尔梅尔 摄）

运送北京法国公使团防御兵营（亦叫瓦龙兵营）建筑材料的骆驼（[illegible]尔梅尔 摄）

运送北京法国公使团防御兵营（亦叫瓦龙兵营）建筑材料的骆驼（卡尔梅尔 摄）

新老北堂

热气球上拍摄的北京老北堂地区（普莱桑 摄）

西什库教堂是法国天主教堂，俗称北堂，前身为蚕池口教堂。蚕池口教堂位于中南海旁边，“矗立高丛，观及宫殿”，颇令朝廷不悦。李鸿章负责和教堂、罗马教廷和法国政府交涉此事，最终教堂迁往西什库。两座北堂同时矗立在北京城十几年。图为蚕池口教堂，它的上方建筑为中南海紫光阁，最初由法国传教士于康熙三十二年（1693）修建，1703 年建成。

在北京新天主教堂附近被义和团（BOXERS）放置炸药引爆产生的弹坑。——义和团希望炸掉天主教堂；5 名海员和 75 名中国天主教信徒被炸死。根据弹坑面积计算，炸药量约 3000 公斤（卡尔梅尔 摄）

从热气球上拍摄的新北堂弹坑（普莱桑 摄）

1900 年，义和团运动爆发，6~8 月，西什库教堂成为拳民进攻的焦点，被义和团用火药炸毁。8 月 16 日，八国联军攻陷北京后才得到解救。

北京的老天主教堂，或叫老北堂（卡尔梅尔 摄）

被俄罗斯军队占领的北堂防御工事入口（卡尔梅尔 摄）

老北堂附近被法国军队占领的塔门（卡尔梅尔 摄）

北京老北堂皇后殿内部（普莱桑 摄）

北京附近被义和团破坏的天主教墓地废墟（普莱桑 摄）

热气球上看到的北京，包括新的天主教堂（或叫新北堂）和神职人员的住房（普莱桑 摄）

热气球上看到的北京，新的天主教堂（或叫新北堂）和神职人员的住房（普莱桑 摄）

正在北堂火车站载货物的中国马车（卡尔梅尔 摄）

天主教法维耶（FAVIER）主教在读日经课（卡尔梅尔 摄）

北京老天主教堂，或叫南堂的废墟（卡尔梅尔 摄）

北京新天主教堂，也叫新北堂（卡尔梅尔 摄）

教堂在 1900 年进行全面的重建，重修的速度很快，一年就完工。重修后的新北堂主要建筑保持原样，不同的是：大堂正面两侧钟楼在原来钟楼基座和楼顶之间增加了一层。原来钟楼塔矮于中门塔，重建后两边的钟楼塔高于中门塔。重修的新北堂基本保持了新建时的格局，因为新建和重建都是法国传教士樊国梁参与设计的（2015.11 邱举良 提供）

▍法国铁路

跨过鞑靼城沟壑的铁路工程杰作（卡尔梅尔 摄）

广渠门（CHOUNTCHE）旁边的铁道（卡尔梅尔 摄）

卢沟桥至北京前门的铁路，由法国远征军工程兵修建，包括前门火车站。

044

铁路大堤中间桥台的建设（卡尔梅尔 摄）

鞑靼城沟壑在建的铁路路基（卡尔梅尔 摄）

大堤中间的桥台（卡尔梅尔 摄）

铺轨（卡尔梅尔 摄）

建筑铁路平台（卡尔梅尔 摄）

为了铁路通过在北京城墙打开的缺口（卡尔梅尔 摄）

049

北京城墙打开的铁路缺口（卡尔梅尔 摄）

北京城墙的外部（卡尔梅尔 摄）

铺轨通过缺口。这部分铁轨经过由德国哨兵把守的德国区域（卡尔梅尔 摄）

053

054

离铁路线不远的象征长寿的龟驮石碑（卡尔梅尔 摄）

公使团区域附近的鞑靼城前门的中国房屋废墟。在这个地方建起了京汉铁路的终点站（卡尔梅尔 摄）

法国工业制造的皇家火车——这列火车由太监牵引（普莱桑 摄）

第一列火车通过广渠门道口（卡尔梅尔 摄）

总司令将军邀请参加铁路建成典礼的宾客走向等待剪彩的火车(卡尔梅尔 摄)

观看落成典礼火车通过广渠门的中国民众（卡尔梅尔 摄）

前门火车站。瓦龙将军检阅铁道兵（卡尔梅尔 摄）

1901 年 3 月 14 日，法国总司令在北京前门附近检阅铁道工兵，并为由该支队建成的北京卢沟桥铁路线剪彩（卡尔梅尔 摄）

修筑跨过鞑靼城沟壑的铁路工程杰作的法国铁路工程师和法军官兵合影（卡尔梅尔 摄）

紫禁城

热气球上看到的北京的紫禁城（普莱桑 摄）

1900 年 8 月 16 日，紫禁城被攻陷。慈禧太后和光绪帝逃往西安。8 月 28 日，联军在紫禁城内举行了盛大的阅兵式，大清国深受其辱。最终，清政府与十一国签订《辛丑条约》，赔款本息共计 9.8 亿两白银。图为热气球下的紫禁城。

现今北京的紫禁城（2015.11 邱举良 提供）

北京城由四个城区组成：a）由高墙围绕长一公里、宽八百米的皇宫，皇宫被中国人称作紫禁城，即紫色的城池，过去皇宫的所有建筑都必须使用紫色的灰浆。b）皇帝的宫殿，也叫皇城，被误传成黄城。皇城内有皇家湖泊，玉岛（今琼岛）、圆亭宫殿（以下统称团城）、老的和新的北堂或天主大教堂。c）皇城前面的城区是在所谓的鞑靼城（即内城），城墙始于十五世纪。d）鞑靼城以南的大长方形是汉城或叫南城。十六世纪初兴建，1564 年筑起防御城墙。

皇宫背面的牌楼（卡尔梅尔 摄）

现今孔绥皇祚牌楼（林郁纯 提供）

从景山（或煤山，以下统称景山）看到紫禁城的北半部（卡尔梅尔 摄）

皮埃尔·洛蒂在其《在北京最后的日子》一书结尾遗憾地说："这座'皇城'曾经是地球上那些见所未见、最为珍稀物品的一个最后的庇护所，也曾经是我们难以理解的、几乎有点像神话一般的古老人类的一个最后的藏身之地。"①

① 贝尔纳·布里赛《法兰西在中国300年》，上海远东出版社，2014年，P.304。

现今从景山看到紫禁城的北半部（2015.11 邱举良 提供）

景山上看到的紫禁城（卡尔梅尔 摄）

现今景山上看到的紫禁城（2015.11 邱举良 提供）

紫禁城的铜狮子（普莱桑 摄）

紫禁城内的铜狮子（卡尔梅尔 摄）

北京紫禁城内的皇帝宝座（普莱桑 摄）

皇宫养心殿内的一架座钟（普莱桑 摄）

该座钟现藏于故宫博物院（彭筱军 提供）

076

北京的紫禁城——皇帝的居室；一群太监站在台阶上（普莱桑 摄）

北京皇宫铜质凤凰（普莱桑 摄）

紫禁城内的铜狮子（卡尔梅尔 摄）

紫禁城里的铜狮子（普莱桑 摄）

皇宫内皇帝私人寝宫养心殿的入口处（普莱桑 摄）

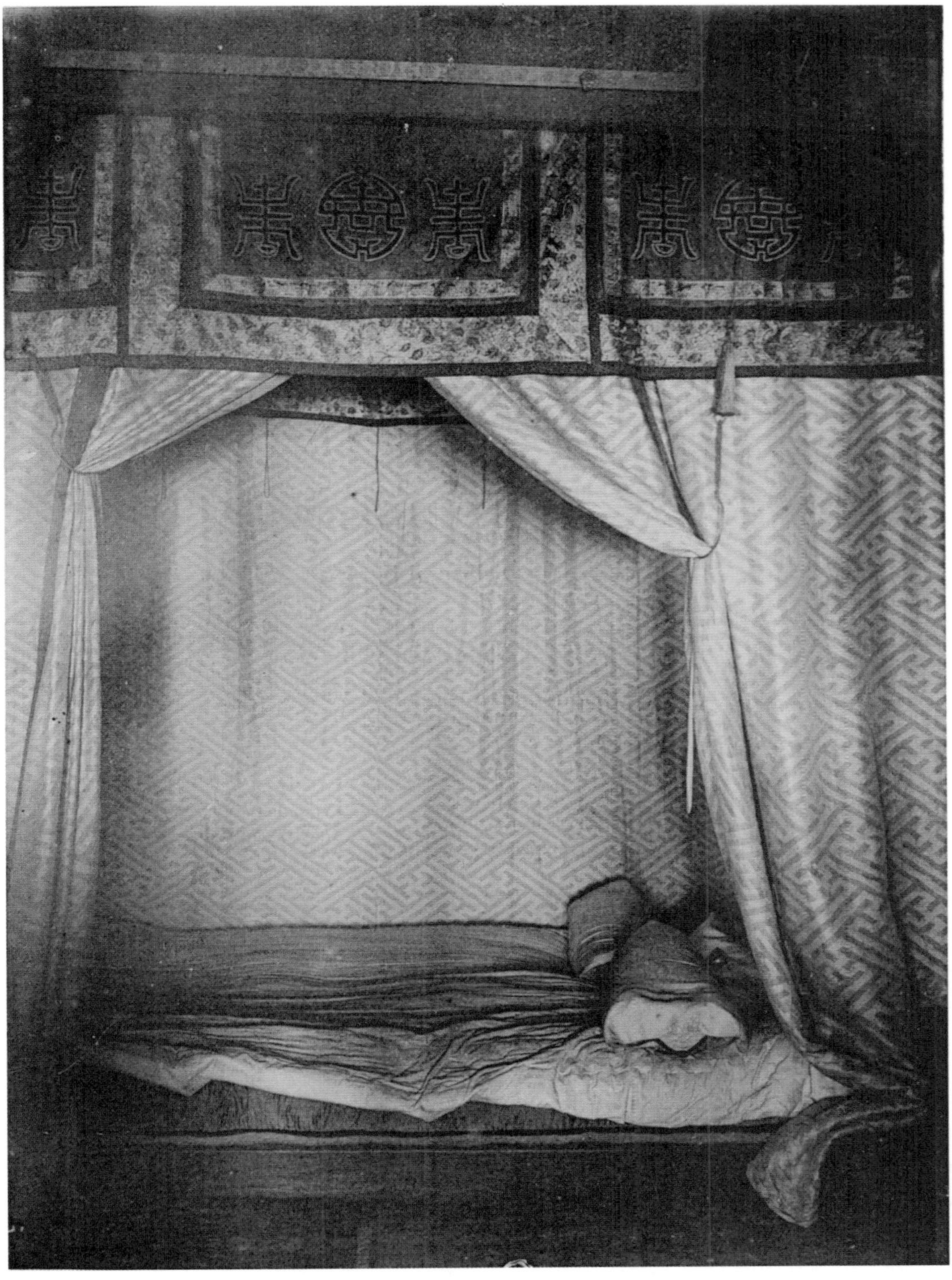

紫禁城内皇帝的床（普莱桑 摄）

北京皇宫铜鹤（普莱桑 摄）

紫禁城的铜鹿（普莱桑 摄）

北京紫禁城的铜龙（普莱桑 摄）

现今储秀宫殿前的铜龙（彭筱军 提供）

紫禁城内瓦龙大街剪彩前的准备（卡尔梅尔 摄）

紫禁城内瓦龙大街落成典礼的筹备情况（卡尔梅尔 摄）

紫禁城的建筑物（卡尔梅尔 摄）

紫禁城内院，日本军官在参观宫殿（卡尔梅尔 摄）

紫禁城园子里的凉亭（普莱桑 摄）

位于湖泊背面的亭子里的铜像（卡尔梅尔 摄）

北京紫禁城城墙上被英国人打开的缺口。缺口前面有一个由锡克人（即印度士兵）在防御工事值守站岗（卡尔梅尔 摄）

1900 年 8 月 14 日，被义和团围困已久的受困者终于盼到英国远征军中的印度士兵和锡克族士兵首先到来。他们是从北京城墙下开凿的玉水河（穿过紫禁城）的排水口钻进来的。拳勇已作鸟兽散，阵地也被遗弃。经过 55 天的焦虑不安，北京重新成为一个不设防的城市。①

① 贝尔纳·布里赛《法兰西在中国 300 年》，上海远东出版社，2014 年，P.288。

现今紫禁城玉水河城墙 (邱举良 提供)

朝阳门东岳庙的牌楼（卡尔梅尔 摄）

朝阳门东岳庙的牌楼为三门七楼琉璃砖牌坊，北面石匾撰“永延帝祚”，南面刻“秩祀岱宗”（相传是明朝严嵩的笔墨），意为皇图永固，国运绵延。南面石匾，上款为“万历丁未孟秋吉日”，下署“内官监总理太监马谦、陈永寿、卢升立”。由此可知琉璃牌楼是皇宫里的太监们捐资添建的。据传，牌楼正楼原有一座非常精致的琉璃宝顶，清朝灭亡后，这个永不褪色的琉璃宝顶被盗贼窃走。

皇宫背面的凯旋门（或叫牌楼）（卡尔梅尔 摄）

颐和园

昆明湖边看到的颐和园（普莱桑 摄）

现今昆明湖边看到的颐和园（2014 邱举良 提供）

颐和园佛香阁（卡尔梅尔 摄）

现今颐和园佛香阁（2014 邱举良 提供）

颐和园皇帝宝座大殿入口（普莱桑 摄）

颐和园皇帝宝座（普莱桑 摄）

在佛香阁上拍摄的颐和园和旁边的湖泊（普莱桑 摄）

现今颐和园和昆明湖一角（2015.11 邱举良 提供）

颐和园图景和皇帝随从居住的建筑（卡尔梅尔 摄）

现今颐和园图景和皇帝随从曾居住的建筑（2014 邱举良 提供）

106

建在颐和园小山顶上的智慧海佛殿。在多层中央亭子 (即今佛香阁) 的后面 (卡尔梅尔 摄)

颐和园排云殿的塑像（普莱桑 摄）

颐和园的亭子和大理石碑（普莱桑 摄）

现今颐和园的亭子和大理石碑（彭筱军 提供）

连接颐和园湖心岛的大理石桥，即十七孔桥（普莱桑 摄）

现今连接颐和园湖心岛的大理石桥，即十七孔桥（2014 邱举良 提供）

在颐和园昆明湖岸边用白色大理石建造的船——石舫（又叫清晏舫），这是一条不能漂浮的船，也是颐和园中惟一的西式建筑（卡尔梅尔 摄）

颐和园一景（普莱桑 摄）

北京颐和园皇家石路（卡尔梅尔 摄）

北海

热气球上所拍，可看到团城，两座大理石桥、景山，以及皇宫的北部（普莱桑 摄）

这是自西向东拍摄的北海附近，画面左上为景山，右上为紫禁城，中间大桥为金鳌玉蝀桥，桥西的三座门右侧紫光阁以北，停着著名的“西苑小火车”，即慈禧太后乘坐的小火车。此时，紫光阁铁轨已被八国联军损毁。慈禧曾经居住的仪銮殿也曾被联军统帅瓦德西占领。

北京北海美景宫（今称漪澜堂）不远的九龙壁琉璃瓦墙，每一面墙都有九条龙追随波涛上面的日出。黏土烧制的墙砖表面涂有一层色调非常和谐的珐琅釉（卡尔梅尔 摄）

现今北京北海公园九龙壁（2014 邱举良 提供）

北海公园内的九龙壁琉璃墙装饰图案的细部（卡尔梅尔 摄）

现今北海公园内的九龙壁琉璃墙装饰图案的细部（2014 邱举良 提供）

与法国总司令部相邻的城门（卡尔梅尔 摄）

现今北海公园大门（2015.11 邱举良 提供）

热气球上所拍琼华岛和永安寺白塔（普莱桑 摄）

1900年8月14日凌晨，八国联军对北京发动总攻。上午11时东便门被攻破，美军最先攻入外城。至晚上，广渠门、东直门、朝阳门先后被攻破。北海被八国联军占领后，其中万佛楼成为日军司令部，楼中10000多尊金佛尽被掠夺。图为琼华岛永安寺白塔鸟瞰。

北海永安寺白塔（卡尔梅尔 摄）

北海公园内琼华岛与岛上的永安寺白塔（卡尔梅尔 摄）

白塔被中国人看作是皇朝永福的保证。法国的军人依据它的形状叫做“降福”。

现今北海公园琼华岛与永安寺（2015.11 邱举良 提供）

北海琼华岛石桥出口的牌楼（凯旋门）。远处白塔后头有一个供有菩萨的小亭子（普莱桑 摄）

现今北海公园琼华桥牌楼（2015.11 卡尔梅尔 摄）

飞艇支队的指挥官在热气球上将法国国旗系在白塔的顶端（普莱桑 摄）

现今北海公园白塔（2015.11 邱举良 提供）

北海公园内永安寺白塔附近一座小塔的神像（卡尔梅尔 摄)

皇城北海的亭子的内部（卡尔梅尔 摄）

131

漪澜堂建在皇城北海北面的人工岩石之上（普莱桑 摄）

漪澜堂环岛的石桥和凉亭（卡尔梅尔 摄）

漪澜堂环岛的石桥和凉亭（卡尔梅尔 摄）

漪澜堂附近被意大利军队占领的亭子门前的铜狮子。法国工兵和意大利海员在站岗（卡尔梅尔 摄）

漪澜堂建在皇城北海公园内琼华岛的人工岩石之上（普莱桑 摄）

北海门（普莱桑 摄）

位于皇城北海、连接团城和琼华岛的大理石桥——永安桥（普莱桑 摄）

永安桥稍远处是景山，这是一座人工堆砌的山，嘉庆皇帝时期在上面建有五座亭子，内有佛像。据说，大量的煤炭被埋在山包里以备皇城被包围时使用。八国联军占领时期挖掘过，但没有证实这一传说。

现今北海公园（2015.11 邱举良 提供）

北京的团城，位于皇城中心。通过皇家湖泊上的两座汉白玉桥可以通达（普莱桑 摄）

现今将北海团城与湖的西岸连接的大理石桥，即金鳌玉蝀桥（邱举良 提供）

北海团城的入口处，乾隆皇帝时期的青玉金鱼缸（卡尔梅尔 摄）

1901 年 5 月，瓦龙将军在北京团城的花园里为外国军民举行宴会的大厅（卡尔梅尔 摄）

1900 年 10 月 18 日，瓦龙将军让洛蒂负责保护一处皇后的寝宫（北宫，位于北海公园）并住在里面。洛蒂在那儿一直住到 10 月 30 日。他在《私人日记》（未出版）里写道："现在，我一个人就住在北京过去人们不可涉足的地方，置身于装饰美轮美奂、豪华如同仙境的环境中。"①

①贝尔纳·布里赛《法兰西在中国 300 年》，上海远东出版社，2014 年，P.310。

团城的围墙，前排是意大利士兵（卡尔梅尔 摄）

现今北海公园团城（2015.11 邱举良 提供）

北京北海团城内的玉石菩萨。传说这尊是皇后的肖像（普莱桑 摄）

热气球上看到的北京，可看到景山和紫禁城的东北部（卡尔梅尔 摄）

八国联军攻打皇城之际，清军虎神营守后门、景山一带，列阵而待，“与洋兵鏖战许久，阵亡士卒甚多，尸横遍地”。法军进城后先上景山，俄军、日军也先后进入。景山五亭内五座铜佛，四座被抢走，一座被破坏，各殿陈设宝物也被洗劫一空。图为热气球航拍的景山。

北京皇城的一条街——远征军工程指挥官拉格朗（LE GRAND）中校和工程上尉（卡尔梅尔 摄）

北京紫禁城北面中心街道；远处看到的鼓楼建于十三世纪中叶（蒂西埃 摄）

皇城南门（卡尔梅尔 摄）

北京城墙的塔楼之一（卡尔梅尔 摄）

皇城西北面的一座亭子,其外表全部用黄色或绿色的琉璃砖镶嵌(卡尔梅尔 摄)

景山公园内黄色琉璃瓦覆盖的木质牌楼（普莱桑 摄）

天坛入口（卡尔梅尔 摄）

现今天坛公园（2015.11 邱举良 提供）

156

北京的天坛。明朝永乐皇帝时期在天坛北部建造的三层屋顶的建筑物（普莱桑 摄）

现今天坛祈年殿（2015.11 邱举良 提供）

天坛朝南空地的大门（卡尔梅尔 摄）

天坛朝南空地的大门（卡尔梅尔 摄）

北京太庙院内带有皇家石碑的八角凉亭（普莱桑 摄）

北京国子监院内的监视塔（卡尔梅尔 摄）

国子监的一部分（卡尔梅尔 摄）

国子监的号舍（卡尔梅尔 摄）

1860 年圆明园内的法慧寺废墟，其部分依山坡建在宫殿的一侧 (卡尔梅尔 摄)

灵光寺佛牙舍利塔的底座细部（卡尔梅尔 摄）

北京西边一公里的十三层八角塔，名为佛牙舍利塔，位于北京西山八大处灵光寺。从辽道宗咸雍七年，即公元1071年开始，佛牙舍利就供奉于该寺。佛牙舍利塔，为八角形十三层密檐砖塔，塔高五十一米（卡尔梅尔 摄）

现今燃灯塔（2015.11 邱举良 提供）

北京近郊皇后墓群（蒂西埃 摄）

北京西郊的皇家陵墓——泰陵（蒂西埃 摄）

兵营大门（卡尔梅尔 摄）

1901 年 8 月 2 日揭幕当天的瓦龙兵营的房子（卡尔梅尔 摄）

1900 年 8 月 15 日，联军占领大半个北京城。英国人和美国人驻扎在北京城内，俄国人、日本人和法国人安营于鞑靼城。

总司令瓦龙（VOYRON）将军与他的指挥官们在北京司令部的一个院子里（普莱桑 摄）

押送骆驼运输队的士兵（卡尔梅尔 摄）

北京近郊的丰台火车站废墟（蒂西埃 摄）

176

北京雍和宫的佛像（卡尔梅尔 摄）

Tianjin

天津

北河/大沽

热气球上拍摄：由法国军队在天津北河上建造的桥。照片的上部可看到铁路和火车站；下部可看到法国租界内的堤岸，以及被中国人摧毁的房屋（普莱桑 摄）

现今天津北河河段，上部可看到火车站（2015.11 邱举良 提供）

1900 年 6 月 18 日，侵略军攻陷大沽炮台，向天津进犯，7 月 10 日清军将领聂士成阵亡。图为今天津滨江道附近上空俯瞰海河上的浮桥，照片上部是老龙头火车站。联军占据天津后，俄国将车站附近大片土地划为“租界”。

热气球上拍摄：天津北河的河湾，在河滩上堆放着官盐（普莱桑 摄）

1900 年，庚子事变爆发，八国联军入侵北京。在洋枪洋炮进攻的同时，他们也以摄影为工具记录了庚子事变后的北京和天津。法国远征军的普莱桑、卡尔梅尔和蒂西埃三位上尉利用侦察部队的热气球在京津两地进行了拍摄，并出版画册《热气球下的中国》，这是目前已知最早的中国航拍影像。

现今天津北河的河湾（2015.11 邱举良 提供）

182

在天津北仓上船横渡北运河（以下简称北河）的军队（卡尔梅尔 摄）

天津北河，士兵在上船（卡尔梅尔 摄）

184

天津北河岸边（普莱桑 摄）

现今天津北河岸边（2015.11 邱举良 提供）

大清河上建造的中国桥梁（卡尔梅尔 摄）

现今天津北河上的解放桥（2015.11 邱举良 提供）

工程兵在天津佟口（TONG KOU）建造法国栈桥码头（卡尔梅尔 摄）

北河和帆船（卡尔梅尔 摄）

天津北运河（北河）上的法国桥（卡尔梅尔 摄）

天津北运河（北河）上的法国桥（卡尔梅尔 摄）

热气球上所见：正面是天津北河附近的围墙（普莱桑 摄）

在那场“全面战争”（这是人们后来的提法）中，占领天津只不过是将在北京发生的所有事件的一个序幕而已。[①]

①贝尔纳·布里赛《法兰西在中国300年》，上海远东出版社，2014年，P.291。

热气球上所见：正面是天津北河附近的围墙（普莱桑 摄）

黑色防御工事和北河边天津天主教堂（卡尔梅尔 摄）

现今北河已成为现代化的大都会（2015.11 邱举良 提供）

热气球上看到的北河（卡尔梅尔 摄）

现今北河已成为现代化的大都会，河岸两侧风景美不胜收（2015.11 邱举良提供）

渡过北河（卡尔梅尔 摄）

现今北河风貌（林郁纯 提供）

1900年9月在大沽（TAKOU）停泊的联军军舰（蒂西埃 摄）

天津法国领事馆大院（卡尔梅尔 摄）

天津法国租界的建筑废墟（卡尔梅尔 摄）

天津法国租界的建筑废墟（卡尔梅尔 摄）

天津法国租界的建筑废墟（卡尔梅尔 摄）

现今原天津法国工务部，建于1934年，选址在天津法租界的主要街道大法国路（今解放北路34号至36号），为天津市文物保护单位（2015.11 邱举良 提供）

原为法租界董事会下属工部局中的警察部，后改组为工部局，实为法租界的警察局。该建筑为四层混合结构楼房，清水墙。立面较为简洁，强调三段式古典构图。

天津法国租界中国房屋的废墟（卡尔梅尔 摄）

热气球上看到的天津法国租界的一部分和它的废墟（普莱桑 摄）

筑有城墙的天津城被联军包围，联军纵火焚烧房屋，抢劫珠宝财物。天津城一片火海，繁华街市化为废墟。各国士兵还挨家挨户进行搜刮。图为天津英租界。[1]

① 贝尔纳·布里赛《法兰西在中国300年》，上海远东出版社，2014年，P.290。

208

天津法国租界的建筑废墟（卡尔梅尔 摄）

现今天津解放北路（原法国租界）风貌 （2015.11 邱举良 提供）

天津法国领事馆（普莱桑 摄）

天津法国租界库尔贝（COURBET）街的市场（卡尔梅尔 摄）

天津法国租界的建筑废墟（卡尔梅尔 摄）

现今原天津法国俱乐部旧址（2015.11 邱举良 提供）

原天津法国俱乐部旧址成立于19世纪。1931年由法国公议局出资在此处兴建新的俱乐部，内设酒吧、小剧场、舞厅、台球厅等。后院原设有露天舞台、小广场及花园等，功能俱全，是法国侨民娱乐的中心，法租界当局将法国商会也设置于此，此处也是法国商人议事聚会的场所。

被义和团破坏的 CHEU LA EUL 天主教墓地（普莱桑 摄）

1899 年底，义和团开始攻击中国基督徒和传教士以及被隔绝在山东铁路建设工地的外国人，甚至怪罪于进口物品商店。1870 年在天津出现过的这类荒唐指控又卷土重来，说修女、神父、传教士几乎都干挖死人眼睛、骨髓和心脏制药的事！传单号召底层民众复仇："天主教徒和新教徒辱没我佛祖 和圣贤，欺凌我圣上和臣工……在你们村里，若有中国基督徒，即刻除之， 见教堂则焚之。"[①]

① 贝尔纳 · 布里赛《法兰西在中国 300 年》，上海远东出版社，2014 年，P.283。

天津的法国气艇工兵在操纵热气球（卡尔梅尔 摄）

1900年，教案频发，美、英、法、德四国公使联合照会清政府，限两月以内将义和团拳匪一律剿除，否则将代为剿平。5月决定出兵干涉。

天津市区内的法国热气球（卡尔梅尔 摄）

天津的法国气艇工兵在操纵热气球（卡尔梅尔 摄）

早在1783年，法军就装备了热气球。在中法战争中法军也曾用热气球侦察清军动向。图为法国远征军的军人准备让热气球升空。据记载，清军也采购过军用侦察气球，但没有在战争中应用的记录。

高级军官团观看热气球升起。从左至右为：远征军工程兵司令部拉格朗上校、弗朗谢德斯皮里（FRANCHET d’ESPERY）上校、马尔尚（MARCHAND）上校、热尔曼（GERMAIN）少校和夏特兰（CHATELAIN）少校（卡尔梅尔 摄）

7 月 14 日天津司令部（卡尔梅尔 摄）

向（法国）国旗敬礼——1901 年 7 月 14 日天津（卡尔梅尔 摄）

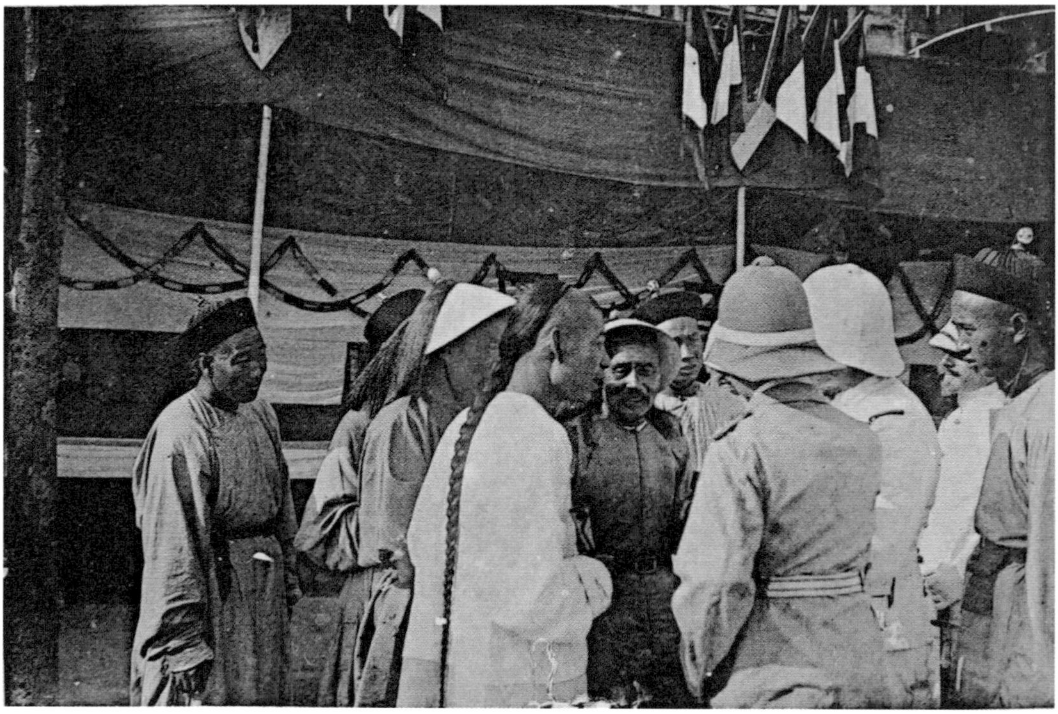

1901 年 7 月 14 日检阅前的观礼台。法国领事勒迪克（LE DUC）先生，和皇帝的兄弟、中国王储 MEI 将军[①]（卡尔梅尔 摄）

① 中国王储 MEI 将军，系指和硕庆亲王爱新觉罗 · 奕劻—— 编者注。

1901 年 7 月 14 日（法国国庆日）天津法兰西码头房屋的装饰（卡尔梅尔 摄）

天津检阅后的观礼台，法国瓦龙将军在拍照（卡尔梅尔 摄）

天津检阅后的观礼台，在照片上可认出法国瓦龙将军（卡尔梅尔 摄）

1901 年 7 月 14 日在天津。法国部队组织的游戏（卡尔梅尔 摄）

1901 年 7 月 14 日在天津。法国部队组织的游戏（卡尔梅尔 摄）

1901 年 7 月 14 日在天津。法国部队组织的游戏（卡尔梅尔 摄）

MEI 将军[①]和他的护卫队（卡尔梅尔 摄）

① MEI将军，系指和硕庆亲王爱新觉罗·奕劻—— 编者注。

总司令检阅天津部队（卡尔梅尔 摄）

法国瓦龙将军礼节性拜访瓦德西(WALDERSE)元帅启程去欧洲(卡尔梅尔 摄)

法国工程兵在天津建造的被叫做中国戏院的兵营（卡尔梅尔 摄）

天津城墙下巡回剧团周围的观众（蒂西埃 摄）

234

天津鼓楼城门（卡尔梅尔 摄）

天津中央门楼（普莱桑 摄）

天津的法国堤岸（卡尔梅尔 摄）

法国军官从天津去北京路上见到的中国墓碑（卡尔海尔 摄）

热气球上看到的天津法国租界的一部分和它的废墟（普莱桑 摄）

天津的白色防御工事（普莱桑 摄）

天津城内沿着城墙根的露天排水沟（普莱桑 摄）

天津中国城被改建成的兵营（卡尔梅尔 摄）

原天津法国兵营，前身为李鸿章于 1879 年设立的北洋水师营务处。1900 年八国联军侵华期间被法国军队占领，经八国联军指挥官会议协商规定，法国当时在天津驻扎 1400 余人。1902 年，八国联军结束对天津的占领时又议定额外驻扎 1007 余人，因此，法国当局在天津实际驻扎达 2000 余人。

天津李鸿章（LI HUNG TCHANG）官邸入口（卡尔梅尔 摄）

皮埃尔·洛蒂曾见过李鸿章，他说此人“像阿拉丁那样富有，拥有豪宅和稀世珍宝，是慈禧太后倚重时间最长的宠臣之一。李鸿章衣着俭朴只是装样子而已，其实他是帝国最富有的人之一”。①

① 贝尔纳·布里赛《法兰西在中国 300 年》，上海远东出版社，2014 年，P.301。

天津法国司令部（卡尔梅尔 摄）

由法国工程部队在天津建设的被叫做主教城的法国兵营（卡尔梅尔 摄）

由法国工程部队在天津建设的被叫做主教城的法国兵营（卡尔梅尔 摄）

246

由法国工程部队在天津建设的被叫做主教城的法国兵营（卡尔梅尔 摄）

247

被围困后的天津城墙和附近房屋的废墟 (普莱桑 摄)

天津城墙，后拆除，取而代之的是一条宽广的大街，这项工程由联军远征军建立的临时政府完成（普莱桑 摄）

天津搭建的活动木板房（卡尔梅尔 摄）

天津的指挥官楼和工兵营（卡尔梅尔 摄）

251

中国房子和天津衙门，被改作城墙内的兵营（卡尔梅尔 摄）

中国房子和天津衙门，被改作城墙内的兵营（卡尔梅尔 摄）

天津搭建的活动木板房（卡尔梅尔 摄）

天津搭建的活动木板房（卡尔梅尔 摄）

天津搭建的活动木板房（卡尔梅尔 摄）

258

天津的法国军官和日本士兵（卡尔梅尔 摄）

天津的皇家运河（卡尔梅尔 摄）

天津大清河上建立的渡船（卡尔梅尔 摄）

天津的俄罗斯桥（卡尔梅尔 摄）

262

天津的朝鲜族苦力（卡尔梅尔 摄）

天津法国堤岸的中国剃头匠（蒂西埃 摄）

天津火车站（卡尔梅尔 摄）

现今天津火车站（邱举良 提供）

Autres

秦皇岛及其他

秦皇岛——山海关

渤海海湾北部相邻的两个冬天不结冰的港口秦皇岛和山海关（卡尔梅尔 摄）

秦皇岛上欧式别墅的废墟（卡尔梅尔 摄）

渤海海边秦皇岛上中国长城的尽头——老龙头(卡尔梅尔 摄)

现今秦皇岛老龙头 （林郁纯 提供）

渤海海边秦皇岛上中国长城的尽头——老龙头（卡尔梅尔 摄）

现今秦皇岛老龙头 (林郁纯 提供)

渤海海边秦皇岛上中国长城的尽头——老龙头（卡尔梅尔 摄）

分遣队离开车站（卡尔梅尔 摄）

秦皇岛老龙头被国际军队占领的中国防御工事（卡尔梅尔 摄）

现今秦皇岛老龙头 （林郁纯 提供）

278

山海关火车站（卡尔梅尔 摄）

现今山海关火车站（林郁纯 提供）

279

东山火车站（卡尔梅尔 摄）

侦察部队的翻译和辎重（卡尔梅尔 摄）

法军到达宿营地（卡尔梅尔 摄）

在一个有围墙的小镇旁边歇脚（卡尔梅尔 摄）

义和团

被义和团毁掉的北京至汉口铁路的火车站和建筑（卡尔梅尔 摄）

被义和团毁掉的北京至汉口铁路的火车站和建筑（卡尔梅尔 摄）

被义和团毁掉的北京至汉口铁路的火车站和建筑（卡尔梅尔 摄）

被义和团毁掉的北京至汉口铁路的火车站和建筑（卡尔梅尔 摄）

被义和团毁掉的北京至汉口铁路的火车站和建筑（卡尔梅尔 摄）

290

被义和团毁掉的北京至汉口铁路的火车站和建筑（卡尔梅尔 摄）

被义和团毁掉的北京至汉口铁路的火车站和建筑（卡尔梅尔 摄）

La vie de la population

市井百态

中国店铺和露天市场（卡尔梅尔 摄）

北京的大街之一，每到下午，市场就设在宽约 10 米的交通干道的两旁，人们在那买卖各色物品：食品、铁器和工艺品货摊一个挨着一个，稠密的人群在那里逛到天黑（卡尔梅尔 摄）

中国村镇赶集日的一条街（蒂西埃 摄）

露天食品市场 (卡尔梅尔 摄)

297

北京的另一条主要大街；两边低于中心路面，左边可以看到各式各样的招牌(卡尔梅尔 摄)

北京的商业小街（卡尔梅尔 摄）

北京茶叶商人的店铺（卡尔梅尔 摄）

北京茶叶商人的店铺（卡尔梅尔 摄）

卖小玩儿和小五金的市场（卡尔梅尔 摄）

北京大风中的市场（卡尔梅尔 摄）

北京的露天餐馆（卡尔梅尔 摄）

迎风的露天餐馆（卡尔梅尔 摄）

306

中国婚礼，走在花轿前面的吹奏者（卡尔梅尔 摄）

结婚队伍的中国花轿（卡尔梅尔 摄）

中国的葬礼（卡尔梅尔 摄）

中国的葬礼（卡尔梅尔 摄）

骆驼运输队，这些动物在蒙古过夏天，在直隶湾过冬天（卡尔梅尔 摄）

骆驼运输队，这些动物在蒙古过夏天，在直隶湾过冬天（卡尔梅尔 摄）

中国的男女混编，其中的女性是满族人，可从没有变形的脚和装束辨别出来（蒂西埃 摄）

中国人的穿着样貌（卡尔梅尔 摄）

中国妇女的典型（普莱桑 摄）

小脚中国女人（普莱桑 摄）

316

北京街头的头顶转碟杂耍艺人（卡尔梅尔 摄）

踩高跷（蒂西埃 摄）

北京街头的口喷火焰杂耍艺人（卡尔梅尔 摄）

北京街头的口喷火焰杂耍艺人（卡尔梅尔 摄）

320

北京市区街头的中国乐手和舞蹈者（卡尔梅尔 摄）

北京街头的乐手和舞蹈者（卡尔梅尔 摄）

北京的中国杂耍艺人（卡尔梅尔 摄）

北京的中国杂耍艺人（卡尔梅尔 摄）

北京的中国杂耍艺人（卡尔梅尔 摄）

中国小孩在套纸车上的金龟（卡尔梅尔 摄）

露天的中国剃头匠（卡尔梅尔 摄）

天津城墙下露天剃头匠（蒂西埃 摄）

北京胡同里的水井（卡尔梅尔 摄）

担水者（卡尔梅尔 摄）

中国农民正在往喷灌渠里提水（卡尔梅尔 摄）

由锡克人驱赶的牛车（卡尔梅尔 摄）

中国独轮车（卡尔梅尔 摄）

独轮车上载的草料（卡尔梅尔 摄）

人力车（卡尔梅尔 摄）

中国的苦力（卡尔梅尔 摄）

中国的要饭者（卡尔梅尔 摄）

Appendice

附录

蒂西埃

路易 - 西蒙 - 亨利·蒂西埃（Louis Simon Henri TISSIER）1863 年 5 月 31 日出生在法国巴黎东南郊的圣法戈村（塞纳 / 马恩省）；1947 年 3 月 17 日在巴黎去世。

曾经在综合理工学校和应用工程学校就读四年；

1885 年 10 月 1 日，少尉 / 学生；

1887 年 10 月 1 日，二级少尉；

1889 年 10 月 18 日，中尉；

1892 年 4 月 9 日，二级上尉；

1895 年 1 月 25 日至 1896 年 10 月 14 日，派驻突尼斯；

1900 年 8 月 12 日至 1901 年 9 月 26 日，派驻中国；

1900 年 10 月 1 日，一级上尉；

1901 年 9 月 20 日，在中国执行任务期间被授予荣誉军团骑士勋章；

1915 年，中校；

1917 年 6 月 26 日，准将；被授予荣誉军团长官级勋章。

摘译自《瓦龙将军关于 1900—1901 年远征中国的报告》：

蒂西埃（Tissier）中尉被编入法国远征军轻步兵团第一营第二连，是该连的三位指挥官之一。

1900 年 10 月上旬，蒂西埃中尉从远征军司令部（天津）借调出来，受杜鲁德（Drude）中校指派去完成一项棘手的任务：与保定府的官员建立联系，向他们宣布法国人的到来是想与安分的民众友好相处，只与作乱者斗争，但如果保定府关闭城门或者法国人在行进时受到攻击，将踏平城池。

蒂西埃中尉接受任务后立即（10 月 8 日）从水路启程，船队由海军上尉迪耶（Dyé）指挥，护航队增加了一些腿部有伤的兵员，预防一旦受到攻击，就近靠岸抵抗，并坚持到援军的到来，特遣队将从陆上抄近路尽快驰援。Lazariste Legris 神父作为翻译随行，负责这项使命的军官自称是和平使者。

1900 年 10 月 11 日，船队经过 Si-Ngan-Shien，卸下一部分给养，留给当晚要在此停留的特遣队，以便其继续向西挺进。

10 月 12 日，蒂西埃中尉来到离保定府 15 公里左右的地方，碰到由 Fantai 派遣来迎接的保定府官员，后来他承认曾经接到李鸿章的指令，要善待法国军队，但要极力避免他们进城。

听完所有官员的陈述以后，其中一位专门负责铁路看护的名叫 Tao-Tai-Sun 的官员向他们出示了法国比利时铁路公司经理 Jadot 从上海拍来的电报，要求所有国际军队抵达当地后要保护尚未受到破坏的铁路，蒂西埃中尉和海军上尉迪耶继续行船，直至保定府下游 4 公里的 Chia-Tsao 码头停靠，在那驻扎和警戒，以免出现意外；然后由一大批好奇的民众簇拥并由官员引领到火车站，当晚就升起了法国国旗。

与此同时，杜鲁德中校率部队从天津出发，也是沿水路日夜兼程，于 13 日天亮前抵达离保定府数公里的地方，留一小部分人看守船舶，其余继续向城池挺进，在各个城门前停步待命。蒂西埃中尉率小分队与当地官方接触，他首先派人在各个城门口插上法国国旗，但出于谨慎，没有在城门口布置兵员，以防不测。因为城里已有人通风报信，说欧洲人打来了。为了避免民众逃亡造成物资短缺，没有贸然攻城。只是派遣一个连占领火车站，其余人马进驻城东的一个中国军营。

1900 年 10 月底，迪耶上尉按照远征军指挥官的指示，侦察了解通过大清河水运军需品到各地的可能性，因为据报由于泥沙淤积和水深不足，无法航行。于是，蒂西埃中尉随同迪耶上尉去 Péi-Kéou-Ho 了解情况，发现这条水路可以通行大船，直到 Hioung-Shien，如果小心翼翼甚至可以到达 Ping-Ting，此后就只能使用小船，直至琉璃河。

普莱桑

居斯塔夫 - 亨利·普莱桑（Gustave Henri PLAISANT）1873 年 1 月 27 日出生在法国里尔市；1937 年 3 月 5 日在蒙斯昂巴若镇去世。

1893 年 10 月 20 日，入伍（三年义务兵役），综合理工学校，学生；

1895 年 10 月 1 日，枫丹白露应用工程学校，少尉 / 学生；

1897 年 10 月 1 日，凡尔赛第一工兵团，二级中尉；

1898 年 11 月 20 日，凡尔赛第一工兵团，一级中尉；

1900 年 8 月 22 日，从马赛港出发前往中国，一级中尉；

1901 年 3 月 16 日，在中国服役；

1901 年 5 月 4 日，参谋部任职；

1901 年 8 月 26 日，从中国返回马赛港，休假；

1901 年 12 月 3 日，派遣到第三工兵团；

1901 年 12 月 19 日，在贡比涅驻防；

1902 年 11 月 1 日，参谋部，圣昔尔专门军事技术防御工事助理教官；

1903 年 9 月 23 日，第五团第 24 电报连（瓦勒里峰）；

1905 年 6 月 1 日，享受法定休假三年；

1906 年 3 月 25 日，参谋部，波尔多工程兵指挥部；

1907 年 6 月 20 日，辞职（私人原因）；

1907 年 7 月 12 日，在殖民地部服务，上尉；

1911 年 11 月 17 日，参谋部，工程兵事务；

1914 年 8 月，军用航空站物质部，上尉；

1915 年 3 月，派驻伦敦国际军需委员会，上尉；

1916 年 1 月 5 日，伦敦国际军需委员会，少校；

1917 年 2 月 3 日，被授予荣誉军团骑士勋章；

1919 年 3 月 15 日，复员，无限期退休；

此后，作为战争部派驻国际军需委员会的代表。

摘译自《瓦龙将军关于 1900—1901 年远征中国的报告》第 421 页：

未编入旅的部队：

19/1 连：（略）；

电报班：（略）；

汽艇观察班：二等中尉林德克（Lindecker）；一等中尉普莱桑（Plaisant）和伊扎德（Izard）。

铁路消防连（半数编制）：（略）；

电报服务官：（略）。

卡尔梅尔

让 - 贝尔纳·卡尔梅尔（Jean Bernard CALMEL）1865 年 5 月 10 日出生在法国（上加龙省）图卢兹市；1939 年 10 月 24 日在巴黎近郊圣克鲁镇去世。

1882 年 10 月 1 日，综合理工学校，学生；

1886 年 10 月 1 日，枫丹白露应用工程学校，少尉 / 学生；

1888 年 9 月 1 日，法定休假，少尉；

1988 年 11 月 2 日，工兵第一团，少尉；

1889 年 8 月 21 日，工兵第五团，少尉；

1891 年 4 月 19 日，工兵第五团，中尉；

1891 年 9 月 16 日，服务于殖民地部，中尉；

1891 年 10 月 5 日，从波尔多坐船前往上塞内加尔，中尉；

1892 年 10 月 11 日，苏丹服役，二等上尉；

1893 年 7 月 11 日，从苏丹回到波尔多，二等上尉；

1893 年 11 月 29 日，任职尼斯总参谋部，二等上尉；

1894 年 4 月 5 日，从波尔多出发前往苏丹，二等上尉；

1896 年 7 月 11 日，被授予荣誉军团骑士勋章；

1896 年 7 月 27 日，从苏丹回到波尔多，任职殖民地部，二等上尉；

1897 年 9 月 30 日，参谋部（综合理工学校督察），二等上尉；

1900 年 8 月 12 日，从马赛港出发前往中国，二等上尉；

1900 年 10 月 1 日，在中国服役，上尉；

1901 年 9 月 26 日，从中国返回马赛港，休假，上尉；

1901 年 11 月 1 日，高等军事学校，上尉；

1903 年 10 月 15 日，从波尔多出发前往科特迪瓦，上尉；

1905 年 8 月 26 日，返回波尔多，上尉；

1905 年 10 月 22 日，从波尔多出发前往塞内加尔，上尉；

1906 年 10 月 22 日，在塞内加尔服役，少校；

1907 年 6 月 29 日，从塞内加尔返回波尔多，少校；

1908 年 2 月 16 日，第七工程团服役，少校；

1910 年 10 月 26 日，任秘鲁军事顾问小组组长，少校；

1912 年 3 月 24 日，任秘鲁军事顾问小组组长，中校；

1913 年 1 月 31 日，返回法国，借调高等研究中心，中校；
1913 年 9 月 10 日，被任命为西部摩洛哥工程指挥官，中校；
1915 年 2 月 15 日，西部摩洛哥工程指挥官，上校；
1916 年 1 月 11 日，被授予荣誉军团军官级勋章；
1917 年 10 月 20 日，摩洛哥工程最高司令官，准将；
1920 年 10 月 28 日，摩洛哥工程最高司令官，少将；
1921 年 7 月 9 日，被授予法国荣誉军团指挥级军官勋章；
1927 年 10 月 31 日，被授予荣誉军团长官级勋章；
1939 年 10 月 26 日，被追授荣誉军团大十字勋章、战争十字勋章。

摘译自《瓦龙将军关于 1900—1901 年远征中国的报告》第 420 页：

工程指挥部机关领导名单：

XXX……；

卡尔梅尔，一等上尉；

XXX……。

摘自《瓦龙将军关于 1900—1901 年远征中国的报告》第 473 页：

瓦龙将军第 128 号令

卡尔梅尔，一等上尉，刚刚完成了一条铁路的勘测设计，得到京汉铁路公司的完全赞许。

值此机会，远征军指挥官瓦龙将军高兴地向这位军官表示祝贺，这位军官此前完成了卢沟桥至北京铁路的大部分勘测设计任务。

瓦龙将军（签署）

1901 年 5 月 17 日于天津军部